AF278557

# Le Singe de Napoléon.

*(Deuxième édition)*

Paris

Chez les Marchands de nouveautés

# HISTOIRE

# DU SINGE

## DE

# NAPOLÉON.

DEUXIÈME ÉDITION.

**PARIS,**

CHEZ LES MARCHANDS DE NOUVEAUTÉS.

1822.

# HISTOIRE
# DU SINGE
## DE NAPOLÉON.

LES journaux d'Albion, en nous annonçant l'arrivée à Londres d'un singe qui a eu pour maître l'homme de Ste.-Hélène, se sont étendus avec complaisance sur ses gentillesses, mais aucun journaliste de la Grande-Bretagne n'a voulu se donner la peine de nous fournir un article biographique sur ce personnage important : il était cependant de rigueur ; car tout ce qui se rattache à un grand homme ne peut manquer d'intéresser vivement et les contemporains et la postérité. Je suis donc forcé d'esquisser moi-même l'*Histoire du Singe de Napoléon*, et de réunir, dans quelques pages, tout ce que j'ai pu lire ou apprendre auriculairement sur le compte de ce noble animal. Peut-être n'aurai-je pas puisé tous mes renseignemens à une source toujours bien pure ; peut-être même les chroniques que j'ai consultées sont-elles un peu scandaleuses : alors ce ne sera pas ma faute si la vie de mon héros n'est pas tout-à-fait aussi glorieuse qu'on le croit en Angleterre. Je n'ai pas l'intention de ravaler ses hauts faits ; je cherche seulement à les réduire à leur juste valeur. J'appelle la vérité à mon secours dans cette téméraire entreprise, et si par fois elle se montrait trop nue, je dirais à mes lecteurs : *Honni soit qui mal y pense.*

Comme je ne suis pas très-bon zoologiste, je ne pourrai pas bien préciser à quelle race de singes appartient celui dont je me fais l'historien : tout ce que je sais, c'est qu'il est d'une belle espèce, assez commune dans les montagnes de l'Ecosse, sa patrie (si toutefois les singes ont une patrie), et qu'il s'appelait tout simplement *Coco*, avant qu'on l'appelât *Sa Grâce.*

*Coco* était doué de quelques qualités brillantes : dès son enfance il montrait les plus heureuses dispositions pour gambader, grimacer et surtout pour grimper. Ses parens l'éduquèrent en conséquence, et au bout de quelques années de collége, ils l'envoyèrent dans l'Inde pour faire la guerre aux singes du royaume de Mysore.

Dans le pays des aveugles les borgnes sont rois, dit-on ; or, le royaume de Mysore était ce pays, et Coco le savait. Rusé comme un singe, il cabriola, gesticula, rusa si bien et grimpa avec tant de grâce sur les remparts de Seringapatam, que les aveugles, citoyens de cette contrée le nommèrent leur roi ou à-peu-près. Ainsi Coco fut un usurpateur lui-même, avant de combattre pour la légitimité : car le trône de Mysore appartenait à une famille appelée Tipoo-Saëb, que les saints alliés de Coco venaient d'exproprier très-peu loyalement.

Ce n'est pas que Coco n'ait éprouvé dans l'Inde quelques vicissitudes : il est bon de dire, en passant, qu'il n'était pas toujours sur des roses, et que les Mahrattes lui firent passer plus d'un mauvais quart-d'heure. Il est même probable qu'il aurait fini par laisser sa fourrure dans le Mogol, si la Discorde ne s'était jetée au milieu du camp des Rajahs de ce pays ; mais il en fut quitte pour les étrivières qu'il reçut dans plus d'une occasion. Fort de la faiblesse et de la division des Indiens contre lesquels il se battait, Coco devint alors tout bouffi d'orgueil, et dicta aux vaincus des conditions si dures qu'ils se rappelleront de lui éternellement.

Un peu par l'aide de Dieu, beaucoup plus encore par l'aide du hasard, en peu d'années Coco devint un personnage très-éminent. C'était à qui le caresserait davantage : un prince lui envoyait des friandises ; un roi lui faisait remettre une belle épée, qui, pour avoir coûté bien cher, n'en était pas meilleure ; toutes les guenons du pays se disputaient l'honneur de sa couche, et l'on assure qu'il n'a pas laissé moins de quatre douzaines de petits singes de sa race dans le harem de Seringapatam. Il faut cependant qu'en ma qualité d'historien je lui rende la justice de dire que, tout en s'amusant auprès des tendres Mysoriennes, il ne perdit jamais de vue ses projets ambitieux ; c'est ce qui fit qu'un beau jour il grimpa sur les mâts d'un vaisseau d'une certaine compagnie de commerçans, et se fit transporter en Europe, afin d'être sur un théâtre plus digne de lui et de la réputation qu'il s'était acquise au pays des aveugles.

Rempli de l'idée qu'il était le premier singe du monde, l'orgueilleux Coco ne doutait pas que son retour dans les îles britanniques ne fût regardé comme un événement mémorable, et que les rives de la Tamise ne fussent couvertes d'une immense

population accourue pour le voir sauter à terre.
Malheureusement pour sa réputation, les îles que
je viens de nommer ne sont pas très-éloignés du
continent européen, et ce continent retentissait
alors des hymnes que l'on y chantait en l'honneur
du petit homme dont Coco avait la prétention de
vouloir être le rival : on ne fit donc pas seulement
attention à sa personne.

Cependant, le superbe Coco ne se découragea
pas ; il eut même la hardiesse de se présenter sur
le continent à la suite d'un certain général Cath-
cart, dont le nom, s'il n'est pas bien célèbre,
est au moins très-mélodieux ; mais, après quelques
gambades, Coco fut tellement effrayé du résultat
d'une bataille que son maître venait de gagner
tout près d'un village qu'on appelle et que l'on ap-
pellera toujours Austerlitz ; qu'il mit sa queue
entre ses jambes, grimpa sur le bâtiment qui
l'avait débarqué, et retourna tant soit peu mys-
tifié dans les vertes prairies d'Albion.

Là, pour se reposer de la belle campagne qu'il
venait de faire, il allait s'asseoir dans une grande
salle qu'on appelle la chambre ; et comme Coco
ne manquait pas de politesse, il n'y contrariait
jamais personne, et était toujours de l'avis du plus
fort : aussi, pour récompense de sa belle conduite,
il fut envoyé dans un pays dont les habitans, en-
tièrement livrés au commerce, ne font du mal à
personne et se font estimer de tous leurs voisins ;
mais ces braves gens-là s'étaient liés avec un autre
peuple aussi estimable et plus belliqueux, que
tout le monde admirait alors : c'était un crime
dont il fallait les punir, et Coco fut chargé d'aller
consommer en Danemarck une grande iniquité
politique. Il s'en tira à merveille et reçut, à son

retour , les félicitations d'un gouvernement qui a toujours encouragé les perfidies.

Albion ayant reconnu par cet essai que Coco possédait d'excellentes qnalités diplomatiques , telles que la ruse , la fourberie , etc. , etc. , lui confia bientôt après une mission aussi importante que facile à remplir : il s'agissait d'aller encourager les Lusitaniens et les Ibériens qui se battaient pour la cause sacrée·de la liberté et de l'indépendance de leur pays. On sent que Coco devait y être bien reçu , et que pendant que les fiers ennemis qu'il devait combattre seraient harcelés dans leurs marches et manqueraient de tout , lui , nagerait dans l'abondance et se promenerait sans le moindre danger du Tage aux Pyrénées. Cependant , malgré les immenses avantages que Coco avait sur ses ennemis , tant par la force numérique que par la force de l'opinion nationale , il eut le talent d'employer plusieurs années à faire ce que son maître aurait achevé dans trois décades ; et encore son maître n'était pas là : s'il s'y fût trouvé , on aurait vu se renouveler une certaine scène qui se passa quelques années auparavant sur les bords de la mer qui baigne les murs d'Aboukir.

Je viens de dire que Coco eut le talent d'employer plusieurs années assez inutilement : je dois certifier , néanmoins , qu'il mit beaucoup d'activité à brouiller entre eux les chefs de la nation ibérienne , afin de se faire nommer général en chef de la péninsule. Un corps fameux qu'on appelait dans ce pays junte nationale , s'y opposa assez longtemps ; mais Coco intrigua tellement qu'il arriva enfin à son but.

Le voilà donc devenu généralissime de toutes les troupes, Milices , Guérillas et Miquelets armés , dont le nombre s'élevait à plus de trois cents mille , lesquels étant chez eux et combattant pour leurs foyers et pour leur liberté, n'étaient jamais détruits , quoique battus et dispersés très-souvent par les Francs. C'est avec des forces aussi considérables , et avec tous les avantages que lui offrait le pays, que Coco trouva encore le secret de se faire donner les étrivières à Talavera de la Reyna , mais, quoique frotté de la bonne manière, il n'en eut pas moins l'effronterie de chanter victoire. Si son maître avait été là, quelle leçon il lui eût donnée !....

Un peu plus tard, il eut le talent de se faire tellement presser les flancs sur le pont d'Arzobispo , qu'il ne lui resta d'autre moyen de salut que de se jeter dans le Tage. Il s'en tira couvert de boue , il est vrai, mais enfin il s'en tira parce que son maître n'était pas là.

Par suite de ses savantes manœuvres, il ne pouvait manquer de perdre son armée entière, dont un seul homme ne serait jamais rentré sur le sol lusitanien, s'il avait eu affaire avec tout autre qu'avec un brave homme qui avait été nommé Roi des singes ibériens, tandis qu'il n'était pas bon tant seulement pour être le roi des marmottes. Cela fit qu'il put se réfugier derrière les lignes de Lisbonne et du Tage , d'où il fut tranquille spectateur de la bataille d'Almonacid perdue par les Ibériens. Il laissa aussi mettre en déroute une colonne de ses propres troupes qui s'était engagée dans le col de Banos.

Ce n'est pas tout encore : au lieu de secourir ses alliés, il les abandonnait presque toujours au moment du danger. C'est ainsi que soixante mille Ibériens furent détruits à Ocana , et presque à sa barbe, pendant qu'il s'amusait à faire le petit roi à Lisbonne, sous un fantôme qu'on appelait régence. C'est ainsi qu'il laissa prendre encore à sa barbe Ciudad-Rodrigo et Alméida ; et, lorsqu'il voulut sortir de ses retranchemens, il alla se couvrir de vase dans la rivière d'Alava.

Malgré tous ces désappointemens, il faut dire qu'il ne perdit rien de sa morgue ni de son orgueil. Un beau jour il alla se percher sur la position inexpugnable de Busaco, et de là, montrant tantôt les dents, tantôt les griffes et tantôt autre chose à ses ennemis, qui ne pouvaient l'y atteindre, les bravait et les insultait impunément ; mais ses bravades cessèrent bientôt : quelques vieux voltigeurs le prirent par l'échine, et lui firent repasser le Mondego en toute hâte.

Il serait peut-être trop long et trop monotome de détailler tous les endroits où il se fit étriller pendant deux ans : il me suffira de citer Plombal, Coïmbre, Redinha, Alméida, Miranda, Sabugal, Albuhéra, Badajos, Elvas et Valladolid, et de dire qu'il faillit laisser sa queue à Fuentes de Onoro et sa réputation à Burgos ; mais son maître n'était jamais là pour l'achever, et des secours de toute espèce venaient aussitôt remplacer les pertes que ses armées faisaient, tandisque celle des Francs se détruisait par ses propres succès.

Enfin, au bout de trois ans, durant lesquels Coco en a vu, comme on dit, de grises, un certain aquilon souffla dans le Nord, et souffla si fort et si vîte, que son maître fut surpris et presque gelé au milieu de ses conquêtes : il ne pouvait pas vaincre la bise comme il avait vaincu tous les peuples de l'Europe ; et bientôt ses vieux grenadiers furent ensevelis dans les plaines de neige de la Russie et sous les flots de la Bérésina.

En apprenant cette grande nouvelle, Coco poussa un cri de joie, et, se redressant sur ses pattes, il se dit tout bas à lui-même : « Courage, Coco, les dieux et le hasard te favorisent ; tu seras un grand homme... quand même !... » Après cette courte exhortation *in petto*, il s'empressa de recueillir les fruits que les désastres du Nord lui promettaient au Midi. Il rassemble aussitôt les fiers Ibériens qui venaient de proclamer le pacte de leur liberté dans les murs de Cadix ; il réunit les Guérillas, les Miliciens et les Miquelets, et avec cette masse il obtint enfin l'avantage de repousser hors de la péninsule les restes des vieilles bandes gauloises. Ce fut alors que son orgueil ne connut plus de bornes. Semblable à la mouche d'Ésope, qui croyait faire marcher un char que des chevaux ardens tiraient dans la plaine, Coco s'écriait souvent comme cet insecte : « C'est moi tout seul qui fais voler cette poussière, c'est moi tout seul qui fais reculer les Francs. « Mais Coco ne s'apercevait pas que les vents du Nord avaient opéré ce prodige en sa faveur, et qu'il devait tout son bonheur à la colère d'Éole.

Dans cette circonstance, si avantageuse pour lui, Coco crut qu'il devait quitter le nom trop vulgaire qu'il avait porté jusqu'alors, et se fit donner, avec force titres, gratifications et rubans, un nom qui flattaient son orgueil : on l'appela depuis Coco Sa Grâce, ou Sa Grâce Coco.

Sa Grâce Coco arriva ainsi décoré sur les frontières de la France, de ce beau pays que l'Europe entière n'avait pu soumettre : hélas ! il était alors fatigué de victoires, et n'avait plus assez de force pour soutenir ses revers. Le maître de Sa Grâce Coco faisait bien encore des prodiges en défendant son trône ; mais, accablé par le nombre de ses ennemis, il devait enfin succomber. Sa Grâce, voyant qu'il n'y avait plus rien à craindre pour lui, s'enhardit jusqu'au point d'entrer sur le territoire français. Son début fut encore une faute qui lui aurait coûté cher si son maître avait été là ; mais il n'y était pas, et on lui laissait faire toutes les gambades, toutes les grimaces et toutes les ruses qui lui étaient naturelles : on le laissa même se placer à cheval sur la Nive, sans profiter de ce moment pour l'y noyer. Enfin, tout semblait favoriser l'heureux Sa Grâce. Il s'avançait toujours avec la confiance que donne le succès, et arriva tout bouffi sous les murs de Toulouse. Là il reçut les étrivières par une main assez vigoureuse ; et Dieu sait ce qui lui serait arrivé ensuite si son maître n'eût enfin succombé sous le poids de cinq cents mille baïonnettes et de mille pièces de canon toutes dirigées contre lui seul.

Comme Sa Grâce n'avait contribué que faiblement au renversement du colosse son maître, et que les grands coups avaient été portés ailleurs que sur les bords de la Garonne, pour cette fois il n'eut qu'une part relative au triomphe des vainqueurs ; mais cela n'empêcha pas qu'on ne lui donnât les noms si doux de *Pacificateur*, de *Restaurateur*, etc., etc., et qu'il ne se crut décidément le premier singe des deux hémisphères, quoiqu'il pût à peine compter la centième partie des hauts-faits de son maître, que l'on venait d'envoyer sur une île pour y apprendre à vivre mieux qu'il ne l'avait fait jusqu'alors.

Pendant donc que son maître méditait sur un rocher de la mer Ligurienne, Sa Grâce Coco fut chargé d'aller assister au grand congrès régénéra-

teur du monde qui se tenait sur les bords du Da-
nube. C'était un congrès comme on n'en a jamais
vu : il dansait toutes les nuits, ce qui le mettait
dans l'impossibilité de marcher pendant le jour.
Sa Grâce faisait comme les autres : il gambadait,
il cabriolait le mieux du monde, et l'on dit même
qu'il valsait assez bien avec une certaine com-
tesse du pays.

Mais pendant qu'on valsait à Vienne, le maître
de Sa Grâce venait d'entamer une contredanse à
Paris, dont on parlera longtemps. Les diplomates
du Nord se réveillèrent au bruit de son triomphe,
et jurèrent qu'il fallait enfin l'exterminer : en
conséquence, sept à huit cents mille hommes furent envoyés contre lui, et Sa Grâce Coco fut
nommé généralissime.

On sait comment son maître battit et dispersa
la moitié de l'armée de Sa Grâce, pendant qu'il
s'amusait encore à danser à Bruxelles ; on sait
comment, le surlendemain, son maître l'attaqua
lui-même pour la première fois ; on sait que Coco,
malgré sa supériorité numérique, avait déjà mis
sa queue entre ses jambes pour battre en retraite ;
on sait qu'un vieux singe prussien lui fit avoir la
victoire au moment où il allait fuir ; on sait quelles
furent les terribles conséquences de cette journée ;
mais ce qu'on ne sait pas bien, c'est la juste part
qu'on doit lui en faire ; et cependant tous les hon-
neurs furent pour lui, au point qu'il pensa de
bonne foi avoir vaincu son maître, et qu'il en
devint plus fier qu'Artaban.

Dès ce moment il se crut tout permis. Il porta
les habits de son maître ; il coucha même dans
son lit, il fit des singeries dans sa loge à l'Opéra,
et mille autres traits d'orgueil que l'on aurait de

la peine à croire ; mais ce qui est pire : il osa se charger de toute la responsabilité des mesures dictées par le comité qui gouvernait l'Europe, et se constitua l'agent ordinaire des oppresseurs vis-à-vis des opprimés. Cette mission l'a nécessairement rendu l'objet de l'animosité et de la haine de ceux qui ont tant souffert du système dont il était le principal instrument.

Sa Grâce Coco s'aperçut enfin combien sa position faisait tort à sa prétendue gloire : il voulut se rendre intéressant aux yeux de ceux qui le détestaient. A cet effet, il se fit tirer un coup de pistolet de commande ; mais cela ne prit pas, et il quitta enfin la cour qui le comblait de faveurs, très-peu regretté par ceux qui ne sont pas courtisans.

J'ajouterai encore, pour ne rien omettre, qu'il est revenu une autre fois visiter nos Seigneurs ; qu'il a été bien reçu par eux ; qu'il a bien dîné et bien soupé chez eux, aux dépens de qui de droit ; mais qu'il n'a guère osé se montrer au public, pas même à l'Opéra, où on lui préparait un concert semblable à celui dont il fut régalé à Liége.

Voilà, lecteurs, tout ce que j'ai lu ou appris auriculairement de l'histoire de Coco, de ce singe fameux qui gambade maintenant sur les bords de la Tamise. Peut-être un jour pourrai-je vous apprendre d'autres exploits de même nature, mais pour le moment............ *n'en demandez pas davantage, n'en demandez pas davantage.*

FIN.

Imprimerie de P.F. HARDY, rue Dauphine, n° 36.